Himmels-Begegnungen

*

Gedichte

Barbara Schmitt

Barbara Schmitt

Himmels-Begegnungen

Gedichte

Herstellung und Verlag: BoD – Books on
Demand, Norderstedt
ISBN: 9783757888077

Vorwort

Ohne unser Zutun spüren wir dann und wann im menschlichen Unterwegssein ein Mehr, Unsichtbares, gefühlt im Greifen, Begreifen, Einfühlen, Berührtwerden - was immer – kommen Sie mit auf einen Weg unterwegs auf unserer Erde, begleitet von unserem Himmel!

Silvester - Himmelstanz

Du tanzt mit mir, hältst mich am Arm
und fest an Deiner Hand,
führst mich gar im Kreis mit Dir.
Bloße Füße gleiten über Erde,
schwingen mit den Tönen
aus den Tiefen und den Höhen!
Sag an, wer bist Du nur?
Du Erdenglanz? Du Himmels-Tanz?

Bilder

Wir brauchen Bilder, äußere und innere,
gute Bilder des liebenden Hirten,
der beschützenden Mutter,
des geöffneten, mutigen Herzens,
Bilder des unsichtbar Himmlischen,
um menschliche Abgründe einzubergen,
auszuhalten, auszukämpfen,
um lachen und weinen,
lieben und sterben zu können!

Ja

Wenn die Rose erglüht,
von innen her blüht,
ihren Duft versprüht,,
dann ist er da, der Augenblick,
das Gewand Gottes!

Vollmondschein

Der Himmel öffnet ein Fenster
in tiefer Nacht,
warmer, zarter, leuchtender Schein,
schwacher, tröstender Sonnengruß,
zerfließt in den Himmel hinein.
Hinter schwachen Wolken
taucht er auf und ab
der große runde Mond,
birgt unsichtbar Geheimnis ein,
verlockt uns, mehr zu sein!

Rosenkuß

Ich grüße Dich versteckt im Rosenkelch,
spüre Deine Nähe
im zarten Blätterbausch,
im Duft, im Rosa, Weiß und Rot,
im tiefen Lot,
kennst meinen Namen!
Ich grüße Dich verborgen Wesen,
unendlich nah geküsst,
zärtlich fern berührt!
Schenkst Freude in mein Leben.

Himmels-Sehnsucht

Flirte nicht mit dem Himmel,
er ist anders!
Sehne dich nach dem Himmel,
er spiegelt sich im Wasser der Erde,
in deinen, meinen Augen!
Flirte mit der Erde,
sie verbirgt den Himmel in sich!

Wahres Licht

Das Lied „Oh Jesu Christe, wahres Licht"
erklingt im streaming Gottesdienst.
Mein Blick streift durch das nahe Fenster
in dunkle Nacht hinaus.
Unversehens bricht der volle Mond
durch zarte Wolkenschleier
dann und wann sekundenlang
strahlend auf - ein Spiel, versteckt sich
immer wieder, taucht plötzlich
leuchtend auf wie lichte Sonne
in den Morgen,
wie klarer Stern am Mittagshimmel,
Laterne in der Nacht!
hast Glaubenslicht gebracht!

Engelsaugen

Wo bist du nur mein verborgner Engel?
Da, ganz nah bei mir,
mit Himmelsaugen
berührst Du meine Erdenaugen
führst mich über alle Erdenstege,
auf entdeckte Himmelswege!

Himmlischer Friedensgruß

Eine weiß-graue Taubenfeder
taumelt, fällt vom Himmel
vor meinem Fenster jetzt herab,
fliegt wieder zurück nach oben
durch Winde, zum Himmel,
tanzt in der Luft,
begreifen und ergreifen wir
doch den Frieden!

Passion

„Gott, mein Gott, warum hast du mich
verlassen?"
in meinen schweren Stunden,
in der Versuchung, Dich zu verraten,
zu verlieren in Empörung, Schmerz,
Verzweiflung, wenn Du im Nichts
verschwindest, genau da wieder auf Dich
zu warten und mit Dir dem Vater zu
vertrauen:" In Deine Hände lege ich
mein Leben."!

Karfreitag – Blutstropfen

Es regnet Blutstropfen vom Himmel
von den Qualen dieser Welt,
von den Wunden schwerer Taten,
von dem Kreuz des Unschuld-Lamms
das uns wäscht in Seinem Frieden,
erlöst mit Rosenzweigen,
die uns schmücken erdenlang!

Schutz der Kirche

Ein breiter Regenbogen,
rosa, gelb, grün, lila,
taucht aus dem Nichts hervor
vor meinen Augen,
steigt senkrecht nah am Kirchturm hoch,
verliert sich jetzt im Himmel weit!
Du verlässt Deine Kirche nicht!,
Zeigst Dich zart, nah,
lebendig in den Farben!

Verheißung für uns heute (Schweinfurt)

Gottesdienst am Bildschirm
mit Blick nach draußen – da,
genau bei den Wandlungsworten
erscheint ein zarter Regenbogen
im großen Rund, weit gespannt
über Kirchturm und Stadt
bunt, leise und laut!
Verkündet, was die Lesung sprach:
Gottes uralter Bund mit Abraham,
und verschwindet lautlos,
ruft Jesus auf den Plan in Seinem Wort:
Er ist der Neue Bund,
„auf Ihn sollt ihr hören"!

Pfingsten 2023

Du schaust mich an
als mein Blick schweifend
in den Garten träumt,
hellroter Rosenschatz
inmitten grüner Büsche,
tanzt ein Heckenröschen zart und rosa
am langen Zweig jetzt vor dir her,
mein Pfingstgruß heute,
ja, ich glaube, danke Dir!

Rosenteppich CSchweinfurt)

Auf meinem Weg zum Bahnhof
hinter einem Zaun von Eisenstäben
eine Pracht von kräftig hellroten
Rosendolden, zeigen sich mir
im Vorübergehen, kündigen sich an
mit halbkreisrunden Blütenwurf
frisch gefallener Blütenblätter,
werfen sie einfach hin, so schön noch!
Schenken mir ihr Loslassen,
Geborgen im irdischen Vergehn
himmlischem Vertraun!

Der Todesengel

Der Todesengel flieht umher,
dem Da zu widersprechen,
verführt uns jäh zum Zittern,
zum Wandeln ohne Trost!
Ja, wir widersprechen dir
du Rätsel unseres Lebens,
dann erst erkennen wir,
irgendwann wirst auch du ruhn
im Schoße des geglaubten Ewigen!

Herz Jesu Fest

Nach den Worten kommt
das Mahl zu uns!
Wir legen unser Herz
jetzt in die Schale,
zugleich in Seinen Kelch,
dass er es wandle und bewahre,
unsichtbar, wirklich echt,
langsam nur gewahr,
sicher aber ganz bestimmt!

Gänseblümchengruß (Würzburg)

In der Sonnenhitze der Stadt,
parkender Autos, eiliger Schritte,
zwischen zwei Pflastersteinen der Straße
finden mich zwei Gänseblumenblüten,
ganz unscheinbar, lebendig durch den
Regen in der Nacht,
finde ich ihren Blick! Ihr seid das Leben
zwischen Lärm und Hast!

Der Berg leuchtet (Cochem)

Bewaldeter schroffer Berg erhebt sich
vom Moseltal frühmorgens,
Wolken fallen herab vom Himmel,
berühren, benetzen die Erde,
steigen auf und nieder,
bis zarter Nebel ihn ganz verhüllt -
der Berg verborgen wie im Traum -
beginnt die aufsteigende Sonne
lichtweiß durch ihn zu leuchten -
Morgenlied der Schöpfung,
leise grüßt der Schöpfer!

Distelflaum (wilder Garten Cochem)

Ein zarter großer Flaum
drängt aus dicker, reifer Schale
einer hochgewachsenen Distel.
Einzelne Federchen lösen sich,
tanzen in Fülle im Wind
in den Himmel, auf die Erde,
zu mir auf Augenhöhe,
nicht soeben, nicht gleich,
jetzt, jetzt, im Augenblick, im Da -
schon ist der zarte Zauber vorbei!
Das neue Da
wartet irgendwo auf mich! Danke!

Der Berg trägt Schleier (Cochem)

Bräutlich grüßt der Berg
umhüllt von zartem Nebel, Wolken,
verheißner Traum im Morgengraun
birgt Sonnenlicht in sich hinein,
Himmelsgruß in schroffem Stein!

heimatlos (Cochem)

Spürt der Stein nicht
meinen Schmerz, das Heimatlos?
Gibt er nicht Halt im Lebensfluss
in ungewissen Tiefen
auch im Erdenball,
im Schlicksalslauf?
Sicher und unsicher,
wie das Leben immer!

www.ingramcontent.com/pod-product-compliance
Lightning Source LLC
LaVergne TN
LVHW021211200726
843509LV00010B/917